# 公眾場所

新雅文化事業有限公司

www.sunya.com.hk

# 小跳豆
## 幼兒好習慣情境故事系列

### 跟着跳跳豆和糖糖豆一起養成好習慣！

　　從小培養幼兒的好習慣是很重要的事，家長只要在他們成長的關鍵時期，給予合理的引導和訓練，孩子就會養成良好的習慣。另一方面，這時期的孩子對一些行為背後的道理也不能完全明白。因此家長更要抓住時機，循循善誘，避免孩子養成不良習慣。

　　《小跳豆幼兒好習慣情境故事系列》共6冊，針對3-7歲孩子在日常生活中面對的問題和需要學習的處境，分為六個不同的範疇，包括生活自理、清潔衞生、與人相處、社交禮儀、公德心和公眾場所。透過跳跳豆、糖糖豆以及好友們的經歷，帶領孩子面對各種在成長中會遇到的問題，並引入選擇題的方式，鼓勵孩子思考解決問題的方法。

　　書末設有「親子說一說」和「教養小貼士」的欄目，給家長一些小提示和教育孩子的方向，幫助家長在跟孩子進行親子閱讀時，一起討論他們所選擇的結果，讓孩子明白箇中道理。「我的好習慣」的欄目，讓孩子檢視自己有什麼好習慣，鼓勵孩子自省並保持良好的習慣，長大成為擁有良好態度和修養的好孩子。

# 以互動方式提升孩子的思考力，養成好習慣！

　　本系列屬「新雅點讀樂園」產品之一，若配備新雅點讀筆，爸媽和孩子可以使用全書的點讀功能，孩子可以先點選情境故事的內容，聆聽和理解所發生的事情，然後思考該怎樣做，選出合適的答案。透過互動遊戲的方式，讓孩子邊聽邊學邊玩，同時提升解決問題的能力，培養良好的個人素質。

　　「新雅點讀樂園」產品包括語文學習類、親子故事和知識類等圖書，種類豐富，旨在透過聲音和互動功能帶動孩子學習，提升他們的學習動機與趣味！

想了解更多新雅的點讀產品，請瀏覽新雅網頁(www.sunya.com.hk)或掃描右邊的QR code進入  。

## 如何使用新雅點讀筆閱讀故事？

### 1. 下載本故事系列的點讀筆檔案

1 瀏覽新雅網頁(www.sunya.com.hk) 或掃描右邊的QR code 進入 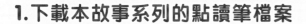 。

2 點選 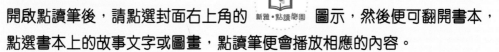 。

3 依照下載區的步驟說明，點選及下載《小跳豆幼兒好習慣情境故事系列》的點讀筆檔案至電腦，並複製至新雅點讀筆的「BOOKS」資料夾內。

### 2. 啟動點讀功能

開啟點讀筆後，請點選封面右上角的 圖示，然後便可翻開書本，點選書本上的故事文字或圖畫，點讀筆便會播放相應的內容。

### 3. 選擇語言

如想切換播放語言，請點選內頁右上角的 圖示，當再次點選內頁時，點讀筆便會使用所選的語言播放點選的內容。

# 如何運用點讀筆進行互動學習

點選圖中的角色，可聆聽對白

點選語言圖示，可切換至粵語、口語或普通話

**上樓梯時**

回家時，跳跳豆和糖糖豆經過一道行人天橋。他們看見一條長長的樓梯。跳跳豆對糖糖豆說：「妹妹，我們比賽跑樓梯，看看誰最快！」然後鬆開豆媽媽的手，準備跑上樓梯。接下來，糖糖豆該怎樣做才是正確的呢？

27

**1** 先點選情境文字的頁面，聆聽和理解所發生的事情

**2** 翻至下一頁，你可先點選頁面，聆聽選擇A和選擇B的內容

小朋友，請你聆聽以下選項，然後在右頁選出正確答案：

我的選擇是：

**選擇A**

糖糖豆立刻緊隨跳跳豆跑上樓梯，結果撞到別人，捧傷了。

28

**選擇B**

糖糖豆則拉著跳跳豆的手，說：「哥哥，在樓梯上追逐、奔跑，很容易跌倒。我們不要在梯間嬉戲啊！」

29

**3** 最後作出你的選擇！點選 A 或 B，然後聽一聽你是否選對了

每冊書末同時設有「親子說一說」欄目，給家長一些小提示，
讓家長在跟孩子進行親子閱讀時，也能一起討論他們所選擇的結果啊！

# 在商場迷路時

一天，豆爸爸和豆媽媽帶跳跳豆和糖糖豆去逛商場。跳跳豆到處跑來跑去，沒有牽着爸爸媽媽的手，他以為爸爸媽媽總是會跟在他後面。突然，跳跳豆發現爸爸媽媽不見了。接下來，跳跳豆該怎樣做才是正確的呢？

選擇 A

跳跳豆害怕得大哭起來，一邊喊「爸爸！媽媽！」一邊到處跑。

選擇 B

跳跳豆哭起來，站在原地喊叫「爸爸！媽媽！」希望爸爸媽媽聽到後會來找他。

# 乘搭升降機時

　　跳跳豆和糖糖豆跟爸爸媽媽購物後，打算離開商場。這時剛好有一部升降機來了。門打開了，但豆爸爸和豆媽媽正在談話，沒有發覺。接下來，跳跳豆和糖糖豆該怎樣做才是正確的呢？

選擇 A

　　跳跳豆和糖糖豆眼看着升降機門快要關上，跳跳豆立刻衝上前用手擋着門，糖糖豆則跑進升降機裏呼喚爸爸媽媽。

選擇 B

　　跳跳豆向升降機裏的人說：「請等一等。」糖糖豆則提醒爸爸媽媽升降機已到了。

13

# 乘車時

　　離開商場後，豆爸爸和豆媽媽帶跳跳豆和糖糖豆乘電車到公園去。上車後，糖糖豆想看窗外的景物。接下來，糖糖豆該怎樣做才是正確的呢？

選擇 A

因為電車下層的座位是背對着窗的，於是糖糖豆跪在座位上，把頭伸出窗外看個清楚。

選擇 B

　　糖糖豆想起電車上層有向前的座位，於是對豆媽媽説：「我想看窗外的景物，我們到上層找座位，好嗎？」

17

# 過馬路時

　　下車後，跳跳豆和糖糖豆牽着爸爸媽媽來到交通燈前準備過馬路。這時，跳跳豆看見綠燈在閃動。接下來，跳跳豆該怎樣做才是正確的呢？

選擇 A

　　跳跳豆說：「爸爸媽媽，綠燈閃動了，我們不要過馬路，等綠燈再亮起時，我們才過馬路。」

選擇 B

　　跳跳豆說：「爸爸媽媽，綠燈閃動了，我們趕快過馬路，不然就趕不及了！」

21

# 如果遇上陌生人時

　　到公園了，糖糖豆在等候溜滑梯的時候，有一個陌生的叔叔走過來跟她說：「我認識你的媽媽，這些糖果請你吃。你的媽媽在哪裏？」　接下來，糖糖豆該怎樣做才是正確的呢？

選擇 A

糖糖豆對叔叔說：「謝謝你！我媽媽在那邊坐着呢！」她沒有接糖果就跑向豆媽媽那邊去。

選擇 B

　　糖糖豆很開心地接過糖果，說：「叔叔，謝謝你！」　然後一邊吃糖果，一邊跟叔叔走。

# 上樓梯時

　　回家時，跳跳豆和糖糖豆經過一道行人天橋。他們看見一條長長的樓梯。跳跳豆對糖糖豆說：「妹妹，我們比賽跑樓梯，看看誰最快！」然後鬆開豆媽媽的手，準備跑上樓梯。接下來，糖糖豆該怎樣做才是正確的呢？

選擇 A

　　糖糖豆立刻緊隨跳跳豆跑上樓梯，結果撞到別人，摔傷了。

選擇 B

　　糖糖豆立刻拉着跳跳豆的手，說：「哥哥，在樓梯上追逐、奔跑，很容易絆倒。我們不要在梯間嬉戲啊！」

# 去游泳時

　　跳跳豆約了皮皮豆到海灘游泳。跳跳豆和皮皮豆最喜歡游泳，他們常常和爸爸媽媽一起在岸邊嬉水。這一次，皮皮豆想游到再遠一點的地方，於是偷偷提議跳跳豆說：「我們來比賽，看看誰游得最快、最遠！」接下來，跳跳豆該怎樣做才是正確的呢？

選擇 A

跳跳豆阻止了皮皮豆，因為小朋友獨自
游泳或到水深的地方去玩是十分危險的！

選擇 B

　　跳跳豆覺得很有趣，於是和皮皮豆一起
游到水深的地方，結果發生危險了！

# 親子說一說

小朋友，看完這本書，你可以看看自己選得對不對。 如果你選了7個 😀 ，你就是一個懂得公眾場所安全的好孩子了。

| 情境 | 選擇A | 選擇B | 小提示 |
|------|-------|-------|--------|
| 在商場迷路時 | 🙁 | 😀 | 當小朋友和爸爸媽媽外出時，不小心走失了，應該留在原地等候，爸媽一定會回頭找你的。如果小朋友亂跑，爸爸媽媽就很難找到你了。 |
| 乘搭升降機時 | 🙁 | 😀 | 當升降機的門開了，我們會急於衝進去，又或是用手擋着門。但是若升降機意外地關上門，就有可能會發生危險的呢！ |
| 乘車時 | 🙁 | 😀 | 乘車時，我們也要注意安全，例如要乖乖坐好，不要在車廂中嬉戲和跑跳，否則便會騷擾到別人，更可能釀成危險。 |

| 情境 | 選擇A | 選擇B | 小提示 |
|------|------|------|--------|
| 過馬路時 | 😀 | 🙁 | 馬路如虎口。我們必須要懂得安全過馬路的方法，而且要養成好習慣，在過馬路前看清楚左右兩邊有沒有車輛，還有不要貪快，在綠色人像燈閃動時過馬路。 |
| 如果遇上陌生人時 | 😀 | 🙁 | 當有陌生人給我們糖果或禮物時，千萬不要接受，應儘快離開去找爸媽，又或是先到人較多的地方。如果一時貪便宜，便有可能遇到後果不堪的事情。 |
| 上樓梯時 | 🙁 | 😀 | 小朋友在上落樓梯時，如果只想着玩耍談天，一不小心就容易摔傷。平日上落樓梯時一定要專心走路，或牽着爸媽的手啊！ |
| 去游泳時 | 😀 | 🙁 | 很多小朋友都很喜歡玩水，但在玩水時千萬要注意安全，不僅要留在淺水區，也一定要在大人的陪伴下才玩啊！ |

# 教養小貼士

　　孩子天生活潑好動，尤其在公眾場所這些範圍廣闊的地方，他們會容易因為好奇而到處亂跑亂走或做出衝動的行為。爸爸媽媽平日便要灌輸正確的觀念，讓孩子知道什麼是不應該做，在孩子出現錯誤行為之前，讓孩子自覺地把好行為變成自己的好習慣！

🫘 外出時，即使爸媽再謹慎，孩子也可能有迷路的危險，所以在外出或進入公眾場所的時候(如：商場、遊戲場地等)，爸媽要提前建立孩子的安全意識，教導他們處理危機。例如具體告知孩子自己會在「哪裏」等他；教導孩子如何辨識「工作人員」（例如有穿着員工制服和配戴工作證），走失時便可以尋找工作人員協助。

🫘 帶孩子上街時，可以不時進行道路安全教育，例如讓孩子知道什麼地方可以過馬路；不要在梯間嬉戲等，否則便會受傷。

🫘 愛玩水是孩子的天性，爸媽要在滿足他們的需要時順勢引導。讓孩子明白玩水是可以的，但是最好在大人的陪伴下才玩水。

# 我的好習慣

小朋友，你跟爸爸媽媽外出時有什麼好的行為或習慣？請你寫在下面的獎狀上或畫出來，然後請爸媽給你塗上心心吧！

我學會：

做得真好！

# 小跳豆 故事系列（共8輯）
## Jumping Bean

# 讓 豆豆好友團 陪伴孩子快樂成長！

## 提升自理能力，學習控制和管理情緒！

### 幼兒自理故事系列（一套6冊）

《我會早睡早起》
《我會自己刷牙》
《我會自己上廁所》
《我會自己吃飯》
《我會自己收拾玩具》
《我會自己做功課》

### 幼兒情緒故事系列（一套6冊）

《我很生氣》
《我很害怕》
《我很難過》
《我很妒忌》
《我不放棄》
《我太興奮》

## 培養良好的品德，學習待人處事的正確禮儀！

### 幼兒德育故事系列（一套6冊）

《我不發脾氣》
《我不浪費》
《我不驕傲》
《我不爭吵》
《我會誠實》
《我會關心別人》

### 幼兒禮貌故事系列（一套6冊）

《在學校要有禮》
《吃飯時要有禮》
《客人來了要有禮》
《乘車時要有禮》
《在公園要有禮》
《在圖書館要有禮》

## 建立良好的心理素質，提高幼兒的安全意識！

### 幼兒生活體驗故事系列（一套 6 冊）

《上學的第一天》
《添了小妹妹》
《我愛交朋友》
《我不偏食》
《我去看醫生》
《我迷路了》

### 幼兒生活安全故事系列（一套 6 冊）

《我小心玩水》
《我不亂放玩具》
《我小心過馬路》
《我不亂進廚房》
《我不爬窗》
《我不玩自動門》

## 培養孩子良好的習慣和行為，成為守規矩和負責任的孩子！

### 幼兒好習慣情境故事系列（一套 6 冊）

《公德心》
《公眾場所》
《社交禮儀》
《清潔衞生》
《生活自理》
《與人相處》

### 幼兒好行為情境故事系列（一套 6 冊）

《我要做個好孩子》
《我要做個好學生》
《我要做個好公民》
《我要注意安全》
《我要有禮貌》
《我要有同理心》

**小跳豆幼兒好習慣情境故事系列**

**公共場所**

原著：楊幼欣

改編：新雅編輯室

繪圖：李成宇

責任編輯：趙慧雅

美術設計：劉麗萍

出版：新雅文化事業有限公司

香港英皇道499號北角工業大廈18樓

電話：(852) 2138 7998

傳真：(852) 2597 4003

網址：http://www.sunya.com.hk

電郵：marketing@sunya.com.hk

發行：香港聯合書刊物流有限公司

香港荃灣德士古道220-248號荃灣工業中心16樓

電話：(852) 2150 2100

傳真：(852) 2407 3062

電郵：info@suplogistics.com.hk

印刷：中華商務彩色印刷有限公司

香港新界大埔汀麗路36號

版次：二○二二年七月初版

二○二四年四月第二次印刷

ISBN: 978-962-08-7962-3

© 2013, 2022 Sun Ya Publications (HK) Ltd.

18/F, North Point Industrial Building, 499 King's Road, Hong Kong

Published in Hong Kong SAR, China

Printed in China